ANALIZA KSIĄŻKI

AF125927

Pułkownik Chabert

• • • • • • • • • • • • • • •

Honoré de Balzac

ANALIZA KSIĄŻKI

Napisany przez Hadrien Seret
Przetłumaczony przez Kâmil Kowalski

Pułkownik Chabert

HONORÉ DE BALZAC

HONORÉ DE BALZAC

PISARZ FRANCUSKI

- **Urodził się w Tours w 1799 roku.**
- **Zmarł w Paryżu w 1850 roku.**
- **Godne uwagi prace:**
  - *Chouans* (1829), powieść
  - *Eugénie Grandet* (1833), powieść
  - *Ojciec Goriot* (1835), powieść

Honore de Balzac był jednym z najważniejszych francuskich pisarzy XIX wieku. Jako młody człowiek wkroczył w świat paryskiej arystokracji, a w następnych latach stał się jej stałym bywalcem. Jednak szybko został zrujnowany przez różne niepowodzenia biznesowe i przesadny styl życia. Jedynym sposobem na spłatę długów było pisanie, do czego dążył z pasją i pracowitością.

Był człowiekiem ambitnym i podjął się monumentalnego dzieła *La Comédie Humaine* ("Komedia ludzka"), zawierającego ponad 90 powieści, którego celem było nakreślenie kompletnego portretu społeczeństwa swoich czasów, tak obszernego, że mógłby konkurować z oficjalnymi rejestrami. Do najbardziej znanych powieści z tego cyklu należą *Eugénie Grandet* (1833) i *Ojciec Goriot* (1835).

Balzac uważany jest za jednego z ojców założycieli nowoczesnej powieści realistycznej.

PUŁKOWNIK CHABERT

TRZYMAJĄCA W NAPIĘCIU INTRYGA

- **Gatunek:** nowela

- **Wydanie referencyjne:** De Balzac, H. (2015) *Pułkownik Chabert*. Trans. Marriage, C. i Bell, E. CreateSpace Independent Publishing Platform.

- **[1] wydanie:** 1832

- **Tematy:** honor, wojna, zemsta, małżeństwo, pieniądze

Chociaż *pułkownik Chabert po raz* pierwszy pojawił się w 1832 roku, ostateczna wersja powieści została opublikowana dopiero w 1844 roku. Należy do *Scènes de la vie privée* ("Sceny z życia prywatnego") *Comédie humaine* Balzaca i opowiada historię Hyacinthe'a Chaberta, byłego pułkownika w armii Napoleona (cesarza Francuzów, 1769-1821), który walczy o odzyskanie honoru, majątku i żony po uznaniu go za zmarłego.

Ta walka jest dla autora pretekstem do opowiedzenia o strasznych czynach inspirowanych unią miłości i pieniędzy w świecie, który nieustannie oscyluje między biedą Chaberta a bogactwem jego żony.

PODSUMOWANIE

POWRÓT PUŁKOWNIKA CHABERTA

Historia rozpoczyna się w paryskiej kancelarii adwokackiej, gdzie urzędnicy pracują w miłej atmosferze. W trakcie żartów do ich drzwi zbliża się starszy mężczyzna. Ten nędznie wyglądający gość prosi o rozmowę z mistrzem urzędników, niejakim M. Derville. Urzędnicy mówią mu jednak, że M. Derville jest bardzo zajęty i przychodzi do biura tylko w nocy: staruszek będzie musiał wrócić około pierwszej w nocy, jeśli chce się z nim zobaczyć.

Dziwny człowiek wraca o wyznaczonej godzinie i zostaje powitany przez Derville'a. Następnie ujawnia swoją prawdziwą tożsamość: to Hyacinthe Chabert, znany we Francjl jako pułkownik Chabert i znany ze swoich wyczynów na polu walki oraz z bohaterskiej śmierci w bitwie pod Eylau 8 lutego 1807 roku. W rzeczywistości Chabert nie umarł, lecz został po prostu uznany za zmarłego po tym, jak wpadł w stan katalepsy (proces, w którym osoba traci przytomność i nie może zostać obudzona, bez żadnego uszczerbku dla jej funkcji życiowych) i został pochowany w masowym grobie. Kiedy odzyskał przytomność, był w złym stanie i cierpiał na poważny uraz głowy, musiał znaleźć wyjście z dołu. Został uratowany przez małżeństwo, które go wykopało i zabrało ze sobą do domu, ale jego stan był tak poważny, że wysłali go do szpitala w Heilsbergu, aby mógł otrzymać potrzebne leczenie. Będąc w szpitalu, wyzdrowiał i przypomniał sobie, że jest pułkownikiem Chabertem. Kiedy zaczął ponownie używać tego nazwiska, zdał sobie sprawę, że wszyscy uważają go za szaleńca, ponieważ wszyscy słyszeli wiadomość o jego śmierci. Tylko jeden lekarz mu uwierzył i pod okiem notariusza wypisał mu dokument potwierdzający jego tożsamość.

Ostatecznie jednak pułkownik został wyrzucony ze szpitala. Wędrując od miasta do miasta i opowiadając swoją historię każdemu, kto chciał go słuchać, trafił na wygnanie do Stuttgartu. Dwa lata później został zwolniony za dobre zachowanie. Niedługo potem poznaje Boutina, byłego żołnierza pułku, który od razu rozpoznaje w nim swojego dawnego dowódcę. Pułkownik postanawia odszukać swoją żonę, hrabinę Ferraud, i wysyła Boutina do Paryża, aby poprosił ją o pomoc. Jednak bez niczyjej pomocy udał się sam do Paryża, gdzie usłyszał wiadomość o swojej śmierci, zlikwidował rodzinne finanse i ponownie ożenił się z byłą żoną. Mimo że pisał do niej wiele listów, ona nadal udawała, że nie istnieje. Pułkownik Chabert, chcąc zemścić się i odzyskać swoją fortunę, postanowił przyjechać do Derville po pomoc.

W przeciwieństwie do innych prawników, z którymi konsultował się stary żołnierz, Derville podchodzi do sprawy bardzo poważnie: zapowiada, że zleci przywiezienie do swojej kancelarii dokumentów Chaberta z Heilsbergu i że zrobi wszystko, co w jego mocy, aby pomóc pułkownikowi w osiągnięciu sukcesu. Ponadto będzie mu dawał co miesiąc niewielką kwotę pieniędzy, aby mógł się utrzymać do czasu ewentualnego procesu.

UMOWA

Trzy miesiące później Derville odwiedza klienta. Chabert zostaje z Vergniauda, byłym żołnierzem pułku, który teraz hoduje bydło. W tej tragicznej sytuacji prawnik wyjaśnia pułkownikowi, że proces jest możliwy, ale bardzo kosztowny, biorąc pod uwagę jego wyjątkowe okoliczności. Mówi starcowi, że może liczyć tylko na jedną czwartą swojej fortuny. Sugeruje mu, aby działał jako mediator między panią Ferraud. Pułkownik zgadza się i pokłada całe zaufanie w swoim dobroczyńcy.

Derville udaje się na spotkanie z hrabiną, którą dobrze zna, gdyż jest ona jedną z jego klientek. Używa całego swojego sprytu, by zastawić pułapkę na byłą żonę pułkownika: podkreśla kruchość jej nowego małżeństwa i rojalistyczne aspiracje męża, które mogłyby go zmotywować do wykorzystania potencjalnego skandalu, by ją opuścić. W obliczu tych zagrożeń zgadza się ona uczestniczyć w mediacjach z pułkownikiem Chabertem w kancelarii adwokackiej.

Podczas mediacji Derville proponuje, aby hrabina Ferraud płaciła byłemu mężowi 24 000 franków rocznie, a w zamian za to szczegóły sytuacji zostaną przemilczane. Hrabina jednak odmawia, co rozwścieca pułkownika. Obraża ją, a ona wychodzi z gabinetu.

Kiedy pułkownik opuszcza biuro Derville'a, hrabina udaje czarującą i sugeruje, że mogliby zamieszkać razem. On wpada w jej pułapkę. Zabrała go do wiejskiego domu w pobliżu Grosley i była w stanie przekonać go, by porzucił pragnienie zemsty. Zgadza się nadal udawać martwego, aby naprawić swoje relacje z byłą żoną. Jednak tuż przed podpisaniem umowy potwierdzającej zrzeczenie się, zorientował się, że próbuje go oszukać. Nie ma zamiaru potajemnie go kochać. Zamiast tego wszystko, co chce zrobić, to wysłać go do Charenton Insane Asylum, aby się go pozbyć. Pułkownik

Chabert jest zniesmaczony, że dziewczyna może się tak nisko schylić i znów włóczyć po ulicach.

WYRZECZENIE

Sześć miesięcy po zamknięciu transakcji Darville nadal nie otrzymał zapłaty za swoje usługi i postanowił skontaktować się z hrabiną Ferraud, aby otrzymać pieniądze. Jej sekretarz Delbeca odmawia mu zapłaty, twierdząc, że nie było umowy, ponieważ mężczyzna podający się za pułkownika Chaberta przyznał się do oszustwa. Przekonany, że hrabina była zamieszana w tę manipulację, Derville dochodzi do wniosku, że wyrzeczenie się sumienia i człowieczeństwa jest najważniejsze dla jednostki, by odnieść sukces we francuskim społeczeństwie.

Niedługo potem prawnik wpada na swojego byłego klienta w sądzie. Mężczyzna jest teraz włóczęgą, który idzie tylko przez imię Hyacinthe, i jest rozdrażniony i oburzony, gdy Derville mówi mu, że jego była żona odmówiła mu zapłacić. Następnie podpisuje uznanie długu, który ma być dostarczony do hrabiny, a ponieważ nie ma pieniędzy, kładzie rękę na sercu, aby pokazać swoją wdzięczność.

Jakieś dwadzieścia lat później, w czerwcu 1840 r., była żona Chaberta została uznana za "kobietę mądrą i życzliwą, ale zbyt pobożną" (s. 90). Jej nowo odkryta chęć oddania czci Bogu pokazuje jej winę w incydencie. Darville znajduje następcę w Godeshal i towarzysząc mu w procesie, dwaj mężczyźni spotykają byłego pułkownika, który obecnie mieszka w domu spokojnej starości. Nie pozwala im zwracać się do niego po imieniu i tytule i mówi "Nie jestem już człowiekiem. Jestem numerem 164, w pokoju 7" (tamże). Starzec jest szaleńcem, wiernym zwolennikiem Napoleona, który nieustannie podziwia chwałę Napoleona i jest odcięty od społeczeństwa. Mimo to pojawił się jako "filozoficzny" (s. 91) mędrzec, odwracając się od społeczeństwa paryskiego, rządzonego przez rojalistyczne przywary. Następnie Darville rozważa dokonanie tego samego wyboru, choć w mniejszej skrajności, i przeprowadzkę na wieś.

STUDIUM POSTACI

PUŁKOWNIK HYACINTHE CHABERT

Chabert, od którego powieść bierze swoją nazwę, to były pułkownik armii napoleońskiej, hrabia cesarstwa i wielki oficer Legii Honorowej. Jego rodzice zmarli, gdy był bardzo młody i wychowywał się w przytułku: tytuły i majątek zawdzięcza wyłącznie zasługom. Przyjaciel i protegowany cesarza, opisywany jest jako dumny, szanowany i hojny: prawdziwy bohater, którego wyczyny wychwalano zanim ogłoszono jego śmierć.

Był bohaterem w czasach imperialnych, ale jego status zmienił się całkowicie wraz z przywróceniem monarchii. Podczas bitwy pod Eylau poprowadził decydujący atak i został tak ciężko ranny, że jego towarzysze uznali go za martwego i zostawili na polu bitwy. Jego powrót do życia był traumatycznym przeżyciem: Wszyscy myśleli, że nie żyje, a pod jego nieobecność społeczeństwo bardzo się zmieniło. Odkrywa, że jego nazwisko nie istnieje już w społeczeństwie, a wszelkie dowody jego istnienia zniknęły z Almanachu. Jego żona nie chciała przyznać, że jest jej byłym mężem, aby nie zaszkodzić ich obecnemu małżeństwu i spadkowi.

Różnica między człowiekiem, którym był, a tym, kim jest teraz, czyni go postacią tragiczną. Utraciwszy swoje miejsce w paryskim społeczeństwie, nie ma już prawa istnieć. Mimo to podejmuje zdeterminowany wysiłek, by odzyskać fortunę i tytuł. Od pierwszego zdania książki jego wysiłki są przedstawiane jako daremne. Jest "starym pudlem" (s. 1), który budzi współczucie, wstręt i strach, a urzędnicy rzucają w niego skórkami od chleba. Ma żałosną osobowość, a Darville realizuje swoją sprawę ze współczucia.

W ciągu powieści postać Chaberta rozwija się w trzech głównych fazach:

- Kiedy po raz pierwszy zostajemy mu przedstawieni na początku opowieści, jest ubrany w łachmany i wygląda jak trup. Ma na sobie groteskową perukę, która odpada, gdy zdejmuje kapelusz. Wszystko to czyni go postacią dość żałosną.

- Do dawnej świetności wraca dzięki nowemu ubraniu i odwadze, gdy idzie do gabinetu Derville'a, by omówić sprawę z żoną. Jednak to właśnie ta ambicja doprowadza go do upadku: nie rozumie kodów nowego społeczeństwa, a zaślepiony miłością nie dostrzega pułapki, jaką zastawia na niego była żona.

- W końcu, w wyniku obrzydzenia chciwością i małostkowością żony, całkowicie wycofuje się ze społeczeństwa, posuwając się nawet do odrzucenia swojego nazwiska (przedstawia się przydzielonym numerem i numerem pokoju), i udaje się na wygnanie, odmawiając nie tylko upomnienia się o swoje tytuły, ale także dostosowania się do nowych okoliczności, jakie stwarza reżim rojalistyczny, w którym nie widzi dla siebie miejsca.

HRABINA FERRAUD

Była żona pułkownika Chaberta, hrabina Ferraud, z domu Rose Chapotel, uosabia zboczone i chciwe paryskie społeczeństwo monarchii. Chabert poznał ją w Palais Royal, kiedy była prostytutką, która zarabiała na życie sprzedając swoje ciało innym mężczyznom. Następnie wykupił ją i uczynił swoją żoną

Zepsuta przez majątek, który zdobyła dzięki swoim dwóm małżeństwom, rozwija głód pieniędzy i jest gotowa zrobić wszystko, aby je zdobyć i utrzymać:

- Wchodzi za plecy drugiego męża, wykorzystując jego sekretarkę Delbecq, by wyłudzić ostatnie pieniądze z pierwszego małżeństwa.

- Odmawia zapłacenia rocznej sumy 24 000 franków – drobnego ułamka fortuny, którą uzyskała dzięki sprytowi i sprzeniewierzeniu z małżeństwa z Chabertem – w ramach przyjaznej umowy zaproponowanej przez Derville'a. Jej oburzona odmowa rozwściecza pułkownika i sprawia, że umowa upada, co pozwala hrabinie zająć się sprawą bardziej osobiście.

- Nie ma skrupułów w manipulowaniu Chabertem: przekonuje go, że nadal go kocha, ale ma teraz inne priorytety, co ilustruje przedstawiając mu dwójkę swoich dzieci. Stary żołnierz jest wzruszony ich beztroską, niewinnością i przywiązaniem do matki.

Hrabina Ferraud przedstawiona jest jako femme fatale. Wykorzystuje swój kobiecy urok, zdolności aktorskie i małostkowość, by obrócić sytuacje na swoją korzyść:

"'Biedactwa!' zawołała hrabina, nie powstrzymując już łez, 'będę musiała je zostawić. Komu je prawo przydzieli? [...] 'O tak!' zawołała. Jeśli zostanę rozdzielona z hrabią, zostaw mi tylko moje dzieci, a poddam się wszystkiemu..." (s. 80-81)

W tej scenie Hrabina jest przedstawiona jako kobieta manipulująca, która wie, gdzie leży jej siła (w tym przypadku w dzieciach i łzach). Jest tak samo piękna jak i dominująca, uosabia trującą formę piękna.

Chociaż udało jej się osiągnąć wysoką pozycję w społeczeństwie, to jednak nadal ma swoje ograniczenia:

- Derville'owi, którego praca uczyniła go biegłym w analizowaniu i manipulowaniu ludźmi, udaje się odkryć jej obawy i intencje oraz zapewnić sobie audiencję u niej, choć na nic się to nie zdaje;

- nie byłaby w stanie zdobyć swojej fortuny bez dwóch małżeństw.

MAITRE DERVILLE

Darvill jest prawnikiem z własną kancelarią, która jest punktem wyjścia powieści. Początkowo właśnie zarobił trochę pieniędzy na grach hazardowych, wspierając i inwestując w sprawę Chaberta, ale jego współczucie i życzliwość również odegrały pewną rolę. Jest ciekawą, inteligentną i uczciwą osobą. Jego człowieczeństwo i profesjonalizm przyniosły mu doskonałą reputację, a jego usługi prawne są zawsze poszukiwane.

Sprawa Chaberta stawia go w delikatnej sytuacji: jako adwokat zarówno pułkownika, jak i jego byłej żony, próbuje rozwiązać sprawę poza sądem. Niestety, zbytnio ufa ludziom (w tym przypadku hrabinie Ferraud), co powstrzymuje go przed osiągnięciem zamierzonych rezultatów. Złudzenia traci pod koniec powieści, gdy dowiaduje się, że pułkownik stracił wszystko: majątek, tytuły, tożsamość i człowieczeństwo, gdyż odmawia życia wśród społeczeństwa.

Przypisuje swój nędzny stan działalności filantropijnej, a posiadanie tej humanitarnej cechy czyni go niezdolnym do efektywnego wykonywania swojej pracy i poszanowania własnych wartości.Zauważa: "Bądź humanitarny, hojny, filantropijny i orędowniczy, a zostaniesz oszukany!" (str. 86).

Praca Derville'a dała mu głęboką wiedzę o ludzkości, a on sam uosabia prawość, uczciwość i prawdziwą sprawiedliwość, które są rzadkimi cechami w społeczeństwie opisywanym przez Balzaka. Jego odraza skłania go do przeniesienia się na wieś.

W tej samej roli dobroczyńcy pojawia się w kilku powieściach *La Comédie Humaine*, np. w *Ojcu Goriot*.

POSTACIE DRUGOPLANOWE

Wiele postaci drugoplanowych odgrywa rolę w fabule. Są to w szczególności urzędnicy w biurze Maitre Derville'a, hrabia Ferraud (drugi mąż hrabiny Ferraud), Delbecq (sekretarz rodziny Ferraud) i Louis Vergniaud.

Urzędnicy

Jest pięciu urzędników: Boucard, Huré, Godeschal (przyszły następca Derville'a), Desroches i Simonnin, młody posłaniec-bohater biura.

Powieść rozpoczyna się od wspólnego posiłku. Malują zabawny i groteskowy obraz pracy urzędników państwowych. Urzędnicy postrzegają obywateli jako niewiele więcej niż stosy plików jedzących obok nich bez szacunku.

Hrabia Ferraud

Hrabia Ferraud, choć nie jest fizycznie obecny w opowieści i nic nie słyszy o romansie byłego męża swojej żony, zajmuje stosunkowo ważne miejsce w fabule. Jest on drugim mężem byłej żony pułkownika Chaberta – Rose Chapotel. Był kiedyś arystokratą i opuścił Francję podczas rewolucji (1789-1799), wracając dopiero po przywróceniu monarchii pod rządami Ludwika XVIII (1755-1824), którego popiera. Ze swoją żoną spłodził dwoje dzieci i pozostaje dla niej zagrożeniem. Jeśli dowie się o manipulacjach finansowych żony i powrocie pułkownika Chaberta, co postawi pod znakiem zapytania jego małżeństwo, może opuścić żonę i poszukać lepszej kandydatki na dworze. Hrabina Ferraud chce pozbyć się Chaberta, aby zachować swoje małżeństwo z hrabią.

Delbecq

Delbecq jest sekretarzem rodziny Ferraud. Jest całkowicie oddany hrabinie, która obiecała mu nagrody finansowe i ważne stanowisko we francuskim wymiarze sprawiedliwości, i to on umożliwia jej osiągnięcie celów dzięki swojemu doświadczeniu zrujnowanego byłego prawnika, dawnego mistrza w sztuce manipulacji i przywłaszczania.

Louis Vergniaud

Vergniaud jest byłym kwatermistrzem Gwardii Imperialnej, który obecnie hoduje krowy na niewielkiej farmie, którą sam stworzył. Chabert był pierwszym dowódcą, pod którym służył i darzy go wielkim podziwem. Jego rodzina przygarnia pułkownika i oferuje mu bezpłatne łóżko i wyżywienie przez ponad rok. Nie mogąc udźwignąć wydatków, jakie to dodaje do ich i tak już ponurego i trudnego życia, udaje się do Derville'a, by przedstawić swoją sprawę w nadziei na uzyskanie jakiegoś odszkodowania. Prawnik zapewnia go, że wkrótce otrzyma pieniądze od Chaberta, gdyż jest przekonany, że dojdzie do porozumienia z jego byłą żoną. Niestety, sprawy nie układają się po jego myśli, a Vergniaud po upadku firmy zostaje kierowcą dorożki.

Był szczęśliwy w czasach Pierwszego Cesarstwa Francuskiego, ale podobnie jak Chabert, po powrocie monarchii do władzy okazuje się, że nie ma już sił i szczęścia. Podkreśla to niszczące skutki powrotu władzy królewskiej, którą rządzi chciwość i żądza władzy.

ANALIZA

PUŁKOWNIK CHABERT I ESTETYKA REALISTYCZNA

Realizm to ruch estetyczny, który pojawił się w pierwszej połowie XIX wieku jako kontrapunkt dla romantyzmu. Stara się wiernie przedstawiać rzeczywistość, bez idealizacji i sztuczności. Balzac był jednym z pionierów tego nurtu w literaturze, który został uznany za ruch w latach czterdziestych i pięćdziesiątych XIX wieku. Pułkownik Chabert zawiera kilka kluczowych elementów, które są fundamentalne dla estetyki Balzaca.

Pisanie na podstawie obserwacji

Pisma Balzaca opierają się na następujących obserwacjach: Przedstawia rzeczywisty świat poprzez uważną obserwację francuskiego społeczeństwa. To pozwala mu na wprowadzenie wielu typów postaci z różnych środowisk społecznych. Na przykład, gdy Darvilel zbliża się do domu Vernio, narrator szczegółowo opisuje to zniszczone środowisko zbudowane na gruzach starego budynku.

> *"Choć niedawno zbudowany, dom ten wydawał się gotowy do popadnięcia w ruinę. Żaden z jego materiałów nie znalazł uzasadnionego zastosowania; zostały zebrane z różnych rozbiórek, które codziennie odbywają się w Paryżu. [...] Parter, który wydawał się częścią mieszkalną, był z jednej strony wyniesiony ponad ziemię, a z drugiej zagłębiony we wznoszącej się ziemi"* (s. 40).

Opis domu, który wydaje się rozpadać, wyjaśnia stan jego mieszkańców i zapowiada ich upadek. Pułkownik przegrywa sprawę, a jego przyjaciel bankrutuje. Gospodarstwo dopiero co wybudowane i już zaczyna podupadać, a część, w której mieszka rodzina jest już "zalana". Ten opis przygotowuje grunt pod portret jego właściciela, Louisa Verniaulta. Jego twarz jest "opalona, zapadnięta i pomarszczona" (s. 53), zmęczona, posiniaczona i matowa jak jego dom. Jak dom, jest skazany na zagładę.

Związek między wyglądem a tożsamością

Podobnie opisy fizyczne mówią nam wiele o charakterze postaci. Na przykład Chabert jest opisany jako martwy człowiek, który powrócił do krainy żywych. Kiedy jest po raz pierwszy przedstawiony, zostaje porównany do trupa i wielokrotnie nazywany jest "trupem":

> *"Jego oczy wydawały się spowite przezroczystą błoną [...]. Jego twarz, blada, żywa i cienka jak nóż, jeśli mogę użyć tak wulgarnego określenia, była jak twarz zmarłego. Na szyi miał ciasny zapas czarnego jedwabiu"* (s. 16).

Opis ten pojawia się zanim odkryjemy prawdziwą tożsamość pułkownika Chaberta i jego historię. Jest on przedstawiony jako trup, człowiek, który powrócił do życia z martwych:

- jego oczy pokryte są białą błoną, taką, jaką pokrywa się oczy niewidomych i zmarłych;

- jego skóra jest śmiertelnie blada, jak skóra trupa;

- "ciasny zapas czarnego jedwabiu" na jego szyi sprawia, że wygląda jak ktoś, kto został skazany na śmierć przez powieszenie.

Te szczegóły nie tylko odzwierciedlają stan Pułkownika (jest już martwy, próbuje zaaklimatyzować się w nowym społeczeństwie, a jego wygląd przypominający trupa sugeruje, że będzie mu trudno stanąć na nogi), tworząc dystans zaczynając od pierwszej strony, z odniesieniami do jego "Box-coat" (s. 1), który nie jest już w modzie, oraz ciasno zawiązanego krawata, który sprawia, że w oczach społeczeństwa wygląda jak martwy wisielec.

Żywy obraz społeczeństwa

Balzac posługuje się fikcją, aby ożywić swoje obserwacje i wyrazić swoje poglądy na temat społeczeństwa. To pozwala mu ożywić postać poprzez fabułę opowieści. Malowanym przez siebie portretom nadaje spójność i logikę, grupując je pod tytułem La Comédie Humaine, gigantycznym freskiem złożonym z różnych części, w tym scen z życia prywatnego, do którego należy pułkownik Chabert. Ten podział na sceny podkreśla fakt, że niektóre postacie pojawiają się ponownie w różnych książkach z serii.

Chociaż fikcja nigdy nie może całkowicie wiernie oddać rzeczywistości, może jednak pokazać specyfikę i wady danego społeczeństwa poprzez przedstawienie szeregu postaci, które reprezentują ludzką kondycję. W *Pułkowniku Chabert* Balzac wykorzystuje tytułowego bohatera do analizy skutków powrotu monarchii po upadku Napoleona i Pierwszego Cesarstwa Francuskiego.

ODWRÓCENIE WARTOŚCI

Główne zmiany polityczne

Pierwszy przewrót spowodowany jest znaczącą zmianą polityczną. W istocie Balzac wykorzystuje tę powieść do potępienia zmian w społeczeństwie wywołanych przez powrót monarchii. Ten przewrót jest doświadczany i ilustrowany przez postać Chaberta. Stary pułkownik był bohaterem wojennym podczas I Cesarstwa Francuskiego pod rządami Napoleona (1804-1815), zdobył w tym okresie uznanie i tytuły. Kiedy wraca do Francji w nadziei na odzyskanie tytułów i majątku dzięki wartościom, których bronił i zasługom jako żołnierz, zdaje sobie sprawę, że społeczeństwo zmieniło się w ciągu lat, które spędził na odzyskiwaniu zdrowia i wędrówce między Niemcami a Francją. Rzeczywiście, podczas gdy rządy Napoleona (przynajmniej na początku) twierdziły, że są wierne zasadom republiki, znosząc przywileje arystokratyczne i czyniąc wszystkich obywateli odpowiedzialnymi przed prawem, restauracja burbońska (1815-1830) przywróciła wartości monarchii. W szczególności w tym okresie nastąpił powrót arystokracji i pozwolił na manipulowanie wymiarem sprawiedliwości.

Zasługi, miłość i honor

Powieść Balzaca przedstawia bezduszne społeczeństwo po przywróceniu monarchii i szlachty. Oznacza to nie tylko zmianę polityczną, ale zmianę wartości, które są teraz do góry nogami. W tym nowym społeczeństwie ludzkie cechy starego pułkownika jako osoby dumnej, godnej, odważnej i uczciwej już mu nie służą, a wręcz przeciwnie, ostatecznie prowadzą do jego ruiny. Człowiek słów i uczuć, nieświadomy pułapki zastawionej na niego przez byłą żonę. Hrabinie udaje się przekonać Chaberta, że nadal go kocha, dopóki nie odkrywa prawdziwego powodu jej pozornego powrotu do uczuć do niego, które odkrył zmarły.

Podobnie Darville ucieleśnia obraz uczciwego i humanitarnego prawnika, uznając, że przeszłe wartości moralne sprawiedliwości, zasługi i równości są bezużyteczne w tym społeczeństwie, w którym drobiazgi i pieniądze rządzą wszystkim. Zasługi, jedna z wartości imperium, ucieleśniona przez Chaberta (który otrzymał wiele tytułów za swoje czyny w wojnach napoleońskich) jest teraz zastąpiony przez potęgę pieniędzy i ambicji.

Pieniądze i ambicja

Motywy pieniędzy i ambicji idą w parze i determinują fabułę. Działania bohaterów są w zasadzie motywowane pieniędzmi i chęcią zdobycia lepszej pozycji w społeczeństwie. Delbecq jest tego dobrym przykładem. Zgadza się oferować swoje usługi jako manipulujący były prawnik w zamian za pieniądze i wysoką pozycję w systemie prawnym.

Pieniądze ukazane są jako źródło władzy, którego bohaterowie pragną i do którego dążą, ale które może również doprowadzić do ich upadku. Jest to miecz obosieczny, który czyni ludzi chciwymi i manipulującymi.

W tym społeczeństwie szlachetne uczucia przestają mieć znaczenie i prowadzą do nieszczęścia. Miłość, którą Pułkownik wciąż czuje do swojej byłej żony, prowadzi do jego wydalenia. Mamy więc do czynienia z odwróceniem statusu i wartości. Wreszcie tę sprzeczność możemy interpretować również jako odrzucenie romantyzmu. Udręczony, tragiczny i impulsywny Chabert posiada wszelkie cechy bohatera romantycznego, ale nie pasuje do surowego społeczeństwa opisanego przez Balzaca. Realizm reprezentujący nowy porządek społeczny i polityczny zmiata wszystko, co stanie mu na drodze.

POZYCJA KOBIET

Kobiety w *Pułkowniku Chabert* są reprezentowane przez jedyną postać kobiecą w powieści: Hrabina Ferraud, była żona głównego bohatera. To ona uosabia to odwrócenie wartości. W istocie, choć udaje jej się wspiąć na poziom Chaberta i stawić mu czoła, Balzac potępia metody, jakimi się posługuje, a które motywowane są żądzą pieniędzy i władzy.

W tej powieści staje się równa mężczyznom, choć jej emancypacja nadal zależy od pewnych warunków:

- **Małżeństwo.** Rose Chapotel (panieńskie nazwisko hrabiny) zdołała wspiąć się na drabinę społeczną dzięki małżeństwu. W okresie Cesarstwa, dzięki małżeństwu z Chabertem, przeszła z roli kurtyzany do roli hrabiny. W okresie Restauracji, kiedy wartości ustanowione przez reżim Napoleona zostają zniesione, zachowuje swój tytuł i stara się dołączyć do grona szlachty poprzez małżeństwo z arystokratą. Z tego małżeństwa wynika dwoje dzieci.

- **Uwiedzenie i manipulacja.** Hrabina wykorzystuje swoją kobiecość, aby osiągnąć swoje cele. Używa swoich kobiecych sztuczek, by wpłynąć na Chaberta i sprawić, by zapomniał o swoich ambicjach odzyskania tytułów i żony. Jeśli on będzie nalegał na powrót do niej, ona straci wszystko: "Tylko, że znajdujesz mnie jako kochankę, matkę, podczas gdy zostawiłeś mnie tylko jako żonę" (s. 75).

- **Pieniądze.** Hrabina z powodzeniem osiąga swoje cele w
  dużej mierze dzięki Delbecqowi, któremu sowicie płaci,
  aby zapewnić sobie jego usługi, dyskrecję i lojalność.

Kobiety tutaj uosabiają jeden aspekt przewrotu politycznego
i społecznego wynikającego z przywrócenia monarchii. Nie
ma rzeczy, której by nie zrobiła, aby chronić swoje prawa i
status. Mimo to już przy pierwszym pojawieniu się wydaje się
młoda i czysta, a potem ukazuje się Chabertowi w swoim
wiejskim domu jako kochająca żona i matka.Widoczna bez-
bronność i czystość są niczym więcej niż zasłoną dymną,
która pozwala Hrabinie realizować swoje ambicje.

MYŚL BALZAKA

W *La Comédie Humaine* Balzac stawia sobie za cel stworzenie
portretu społeczeństwa poprzez fikcję. Jest to coś więcej niż
zwykła obserwacja czy wierne przedstawienie. Jego celem
jest sprawienie, aby czytelnik dostrzegł wady społeczeństwa,
które są wprowadzane poprzez szereg postaci, i aby z tego
badania wyciągnąć wniosek i mniej lub bardziej wyraźny
morał (w tym przypadku morał jest stwierdzony przez
Derville'a na końcu powieści: "Bądź humanitarny, hojny,
filantropijny i prawnikiem, a na pewno zostaniesz oszukany!",
s. 86).

Destrukcyjne społeczeństwo

Destrukcyjne społeczeństwo reprezentowane jest przez
Paryż, gdzie rozgrywa się większość akcji. Energia i ruch miasta wydobywa z ludzi to, co najgorsze i jest skontrastowana z
wsią, która jest przedstawiona jako miejsce odpoczynku i

beztroski, gdzie życie jest łatwiejsze. Chabert zostaje ukarany przez to społeczeństwo za próbę odzyskania swojego dawnego, należnego mu miejsca w nim.

Społeczeństwo zdaje się niszczyć wszystko, co do niego nie należy. Chabert wyłania się jako postać tragiczna od momentu, w którym zostajeprzedstawiony. Jest staromodnym "starym pudlem", któremu rzucane są bochenki chleba. Simonin, chłopiec pracujący w biurze, dokucza mu, kiedy przychodzi się kłócić. Jego przybycie jest opisane obok komicznej sceny podczas oficjalnej kolacji.

Bolesna męka życia Chabert

W tym okrutnym społeczeństwie życie wydaje się jeszcze trudniejsze i bardziej bolesne niż wojskowe wyczyny pułkownika podczas bitwy pod Eylau. Rzeczywiście, jego "energiczny atak" (s. 19), kiedy samotnie szarżował w kierunku wroga, z resztą swojej gwardii pozostającą daleko w tyle, jest opisany w rejestrze epickim i od tego czasu przeszedł do historii.

Ale jego powrót do życia w monarchii jest żałosny, powolny i pracochłonny. Jest odrzucany przez społeczeństwo: Czasem błąka się jak włóczęga, innym razem uchodzi za szaleńca. Nawet śmierć wydaje się lepsza niż życie: Nienawidził życia tak bardzo, że skakał do wody, gdy tylko woda była w pobliżu. Gdyby miał broń, wysadziłby sobie mózg" (s. 84).

Ucieczka jest jedyną opcją: dehumanizacja jako warunek konieczny dla zachowania wartości

Balzac całkowicie odrzuca społeczeństwo opisane w *Pułkowniku Chabert*. Jest ono przedstawione jako miejsce, w którym jednostki nie mogą żyć w zgodzie z prawdziwymi wartościami i realizować swojego przeznaczenia. Zamiast przystosować się do tego społeczeństwa, są zmuszeni do porzucenia swojego człowieczeństwa, jeśli chcą nadal w nim żyć. O ile przeszłość Pułkownika czyni go postacią epicką i Chrystusową, o tyle w społeczeństwie jest on kozłem ofiarnym. Jego jedynym wyjściem jest ucieczka bez pytania o to, co mu się należy, zapomnienie o swoim imieniu i pozostawienie go za sobą. Derville jest jedyną inną postacią, która rozważa opuszczenie Paryża. Dla Balzaka, który z nostalgią wspomina Cesarstwo pod rządami Napoleona, ci dwaj mężczyźni są jedynymi ludźmi, którzy znajdują sprawiedliwość.

W ten sposób autor wyraźnie podkreśla korzyści płynące z takiego postępowania. Ludzkie szczęście nie pochodzi z posiadania, ale z tożsamości i moralności. Chabert wybiera dehumanizację. Nie chce, by mówiono do niego po imieniu, nie chce wpasowywać się w społeczne wzorce, a pod koniec powieści można go rozpoznać jedynie po numerze swojego pensjonatu w domu opieki. Społeczeństwo miażdży jednostkę. Tytułowy bohater, zdaniem Balzaca, uosabia sprzeczność między epoką, w której panowała prawdziwa sprawiedliwość i równość, a epoką, w której panowała manipulacja. W rzeczywistości pułkownik nie znajduje sprawiedliwości i idzie w ślady Napoleona, ostatecznie rezygnując ze stanowiska. Na jego humanizm (który łączy go również z Dervillem) i tragiczny charakter nie ma miejsca w paryskim społeczeństwie. Aby uciec przed okrucieństwem świata, postanawia wyrzec się swojego imienia i tożsamości, popada w pewnego rodzaju szaleństwo.

Przedstawiając społeczeństwo wprowadzone przez fikcyjne postacie Chaberta potem Derville'a, Balzac dostarcza czytelnikowi nie tylko reprezentację tego społeczeństwa, ale także krytykę moralną cywilizacji swoich czasów.

DALSZA REFLEKSJA

KILKA PYTAŃ DO PRZEMYŚLENIA...

- Jak określiłbyś realizm Balzaca w *Pułkowniku Chabert*?

- Czy są w powieści jakieś elementy, które dają informację o tym, jak pisze Balzac? Jeśli tak, to jakie?

- Jaką wizję małżeństwa przedstawia Balzac w powieści?

- Jakie stanowisko zajmuje hrabina Ferraud w swoim konflikcie z byłym mężem? Jaki obraz kobiet przedstawia?

- W jakim stopniu można powiedzieć, że pułkownik Chabert jest zarówno postacią epicką, jak i patetyczną? Jak to się ma do rozwoju społeczeństwa?

- W jaki sposób ta książka odzwierciedla okres, w którym została wydana?

- Co łączy *pułkownika Chaberta* z resztą *La Comédie Humaine*?

- Czy uważasz to dzieło za rodzaj potępienia? Jeśli tak, to co potępia w nim Balzac?

- Porównaj tę powieść z jej filmowymi adaptacjami.

- Co Twoim zdaniem sprawiło, że Balzac stał się jednym z największych pisarzy [XIX] wieku? Jakie są przyczyny jego sukcesu?

PRZECZYTAJ TAKŻE

WYDANIE REFERENCYJNE

De Balzac, H. (2015) *Pułkownik Chabert*. Trans. Marriage, E. i Bell, C. CreateSpace Independent Publishing Platform.

BADANIA REFERENCYJNE

Robb, G. (2000) *Balzac*. London: Picador.

ADAPTACJE

Le Colonel Chabert. (1911) [film krótkometrażowy]. André Calmettes i Henri Pouctal. Dirs. France.

Il Colonnello Chabert. (1920) [Film]. Carmine Gallone. reż. Włochy: Lucio D'Ambra.

Człowiek bez imienia. (1932) [Film]. Gustaw Ucicky. Dir. Niemcy: UFA.

Pułkownik Chabert. (1943) [Film]. René Le Hénaff. Dir. Francja: Compagnie Commerciale Française Cinématographique.

Pułkownik Chabert. (1994) [Film]. Yves Angelo. Dir. Francja: Canal+, DD Productions, Film Par Film, Orly Films, Paravision International S.A., Sidonie, Sédif Productions, TF1 Films Produkcja.

Chcemy usłyszeć od Ciebie, co się dzieje!
Zostaw komentarz na temat swojej internetowej biblioteki
i podziel się swoimi ulubionymi książkami w mediach społecznościowych!

www.50minutes.com

Master ISBN: 9782808694186
Papierowy ISBN: 9782808615587
Depozyt prawny: D/2023/12603/1838

Verhaal: © Primento

Projekt cyfrowy: Primento, cyfrowy partner wydawców.